GOTT, WIR BITTEN DICH!

Ministranten-Gebete in der Sakristei

Lesejahr B: Weihnachtsfest-, Osterfest- und Jahreskreis

benno

Janis Jaspers,
geb. 2002, langjähriger Messdiener und Küster, baut in seiner Freizeit Kirchenmodelle aus Legosteinen, Theologiestudent in Münster.

Bibliografische Information der Deutschen Nationalbibliothek

Die Deutsche Nationalbibliothek verzeichnet diese Publikation in der Deutschen Nationalbibliografie; detaillierte bibliografische Daten sind im Internet unter http://dnb.d-nb.de abrufbar.

ISBN 978-3-7462-6456-1

Texte und Innengestaltung: Janis Jaspers, Münster
Umschlaggestaltung: Rungwerth Design, Düsseldorf
Covermotiv: © stock.adobe.com/beckin
Gesamtherstellung: Arnold & Domnick, Leipzig (A)

Inhaltsverzeichnis

Vorwort

Liebe Ministrantinnen und Ministranten,

manche von euch kennen folgende Situation vielleicht:
Ihr sprecht das Gebet vor dem Gottesdienst und kennt es fast schon auswendig. Aber genau damit ist jetzt Schluss!

In diesem Band gibt es für alle Anlässe des Kirchenjahres neue Gebete. Passend zu den Texten aus dem Lesejahr B werden die Themen des Tages aufgegriffen. Wenn ihr die Gebete sprecht, ist es die perfekte Gelegenheit, sich auf den Gottesdienst vorzubereiten.
So eingestimmt kann es dann losgehen!

Um es mit dem Motto des hl. Willibrord zu sagen:
In Dei nomine feliciter – In Gottes Namen glücklich voran!

Viel Spaß bei eurem Dienst!

Janis Jaspers

Advent und Weihnachtszeit

Erster Adventssonntag

Wartender Gott,

in diesen Tagen warten wir auf dein Kommen
in unsere Welt.

Wir bitten dich:
Schenke uns immer wieder neu
deine Stärkung.
Amen.

Zweiter Adventssonntag

Wartender Gott,

immer wieder hören wir
in der Bibel von Menschen,
die dich angekündigt und verkündigt haben.

Wir bitten dich:
Schenke uns den Mut hinauszugehen
und dein Wort zu verkündigen.
Amen.

Dritter Adventssonntag

Wartender Gott,

wir hören heute von Johannes,
der von seiner Beziehung zu Gott erzählt.

Wir bitten dich:
Gib uns den Mut und die Erkenntnis,
dich zu hören und zu verstehen.
Amen.

Vierter Adventssonntag

Wartender Gott,

heute geht es um Maria,
die Gottes Wort hört
und ihm vertraut.

Wir bitten dich:
Schenke uns Vertrauen in dich
und deinen göttlichen Plan.
Amen.

Weihnachten – Am Heiligen Abend

Menschenfreundlicher Gott,

wir sind voller Freude
auf das wunderbare Ereignis,
bei dem wir heute dabei sein dürfen.

Wir bitten dich:
Zeige uns immer wieder neu,
wie wir an deinem göttlichen Plan
mitwirken können.
Amen.

Weihnachten – In der Heiligen Nacht

Menschenfreundlicher Gott,

wir feiern gleich,
dass Jesus geboren wurde.
Jesus wurde uns als Retter geschickt.

Wir bitten dich:
Schicke uns immer wieder Retter,
um uns und unseren Mitmenschen zu helfen.
Amen.

Weihnachten – Am Morgen

Menschenfreundlicher Gott,

Hirten kamen zu Jesus,
um ihn zu sehen.
Sie priesen Gott dafür.

Wir bitten dich:
Schenke uns deinen Sohn
als den Retter.
Amen.

Weihnachten – Am Tag

Menschenfreundlicher Gott,

Jesus ist uns
als Retter geboren worden.

Wir bitten dich:
Schenke uns die Kraft,
genauso wie Jesus handeln zu können
und anderen zu helfen.
Amen.

Fest der Heiligen Familie

Guter Gott,

du bist uns Mutter und Vater.
Du hältst deine schützende Hand über uns.

Wir bitten dich:
Hilf uns in unseren Familien.
Hilf uns, einander zu lieben und zu achten.
Amen.

Neujahr – Hochfest der Gottesmutter Maria

Gott, unser Vater,

heute schauen wir auf Maria.
Maria ist uns ein Vorbild im Glauben.

Wir bitten dich:
Lass uns von ihr lernen,
dass wir in den Situationen unseres Lebens,
die wir noch nicht verstehen,
trotzdem dir vertrauen können.
Amen.

Zweiter Sonntag nach Weihnachten

Menschenfreundlicher Gott,

positive Nachrichten gibt es meistens
nur sehr wenige.

Wir bitten dich:
Lenke unseren Blick auf das Gute,
damit von uns Licht und Freude
ausstrahlen können.
Amen.

Erscheinung des Herrn

Menschenfreundlicher Gott,

in unserem Gottesdienst feiern wir heute
den Besuch der drei Sterndeuter
im Stall von Betlehem.

Wir bitten dich:
Erfülle uns, wie die Sterndeuter,
mit großer Freude
und mache uns zu Lichtträgern.
Amen.

Taufe des Herrn

Du sendender Gott,

heute versammeln wir uns zum Gottesdienst
und werden an unsere Taufe erinnert.
Wir sind getauft auf deinen Namen.

Wir bitten dich:
Schenke uns die Kraft,
auf diesem Weg deine Zeugen zu sein,
und stärke uns in der folgenden Feier.
Amen.

Fastenzeit und Osterzeit

Aschermittwoch

Du vergebender Gott,

heute beginnen wir die Fastenzeit.
Wir versuchen immer wieder neu,
uns nach dir auszurichten.

Wir bitten dich:
Schenke uns die Kraft,
auf diesem Weg deine Zeugen zu sein.
Amen.

Erster Fastensonntag

Vergebender Gott,

immer wieder stehen wir vor der Versuchung,
etwas zu verschieben oder
von uns wegzuschieben.

Wir bitten dich:
Gib uns die Entschiedenheit,
deinen Weg immer weiter zu gehen,
auch wenn er steinig werden sollte.
Amen.

Zweiter Fastensonntag

Vergebender Gott,

es gibt Situationen,
die für uns nicht verständlich sind.
Wir finden sie seltsam oder gar abstoßend.

Wir bitten dich:
Gib uns immer wieder neu einen klaren Blick,
um die Welt aus allen Perspektiven zu betrachten.
Amen.

Dritter Fastensonntag

Vergebender Gott,

wir sind häufig vor Prüfungen
oder Herausforderungen gestellt.
Manchmal braucht es viel Zeit und Energie,
diese zu bewältigen.

Wir bitten dich:
Schenke uns immer wieder die Ausdauer
und die Muße, uns den Prüfungen
und Herausforderungen zu stellen.
Amen.

Vierter Fastensonntag

Vergebender Gott,

manchmal wollen wir Dinge nicht sehen.
Diese Dinge fallen uns schwer
oder belasten uns.

Wir bitten dich:
Hilf uns, den Blick auf die Dinge zu lenken,
die unangenehm und schmerzhaft sind.
Amen.

Fünfter Fastensonntag

Vergebender Gott,

wenn wir jetzt gleich Gottesdienst feiern,
wollen wir uns auf dich besinnen.

Wir bitten dich:
Stärke uns in unserem Dienst
und lass unsere Mitarbeit Früchte tragen.
Amen.

Palmsonntag

Lebendiger Gott,

heute hören wir, welchen Weg
dein Sohn Jesus Christus
in den Tod gegangen ist.

Wir bitten dich:
Schenke uns den Mut,
das Leid dieser Welt zu sehen
und es zu bekämpfen.
Amen.

Gründonnerstag

Lebendiger Gott,

heute hören wir,
wie du mit den Jüngern
das letzte Abendmahl feierst.
Wir hören, dass du den Jüngern
die Füße gewaschen hast.

Wir bitten dich:
Zeige uns Mittel und Wege,
unseren Mitmenschen beizustehen
und zu helfen, wie du es getan hast.
Amen.

Karfreitag

Lebendiger Gott,

heute gedenken wir des Sterbens
deines Sohnes Jesus.
Wir wissen aber,
dass mit dem Tod nicht alles vorbei ist.

Wir bitten dich:
Stärke unsere Hoffnung und unseren Glauben.
Amen.

Osternacht

Lebendiger Gott,

schon vor langer Zeit suchten dich die Menschen.
Jedoch fanden sie nur ein leeres Grab.
Wenn wir jetzt gleich die Osternacht feiern,
suchen wir dich nicht mehr,
sondern haben dich gefunden.

Wir bitten dich:
Stärke uns in unserem Dienst an deinem Altar.
Amen.

Ostersonntag

Lebendiger Gott,

wir feiern heute
das Geheimnis deiner Auferstehung.
Es erscheint uns unbegreiflich
und schwer zu glauben.

Wir bitten dich:
Schenke uns immer wieder neu
den Glauben an dich.
Amen.

Ostermontag

Lebendiger Gott,

wie die Emmausjünger
machen wir uns tagtäglich auf den Weg zu dir.
Wir wollen dich suchen,
dich in unserer Nähe wissen.

Wir bitten dich:
Gib uns immer wieder die Kraft deiner Nähe.
Amen.

Zweiter Sonntag der Osterzeit

Lebendiger Gott,

wir hören heute von Thomas,
der nicht glauben konnte,
dass du auferstanden bist.

Wir bitten dich:
Gib uns immer wieder Zeichen deiner Nähe.
Amen.

Dritter Sonntag der Osterzeit

Lebendiger Gott,

die Jünger beginnen in deinem Namen,
die Frohe Botschaft zu verkünden.

Wir bitten dich:
Mache uns zu deinen Verkündern,
damit auch wir
deine Botschaft verkünden können.
Amen.

Vierter Sonntag der Osterzeit

Lebendiger Gott,

dein Sohn Jesus hat sich für uns geopfert.
Jedes Opfer erfordert Mut.
Dieses Opfer erfordert besonderen Mut.

Wir bitten dich:
Gib uns den Mut, füreinander einzustehen
und unseren Glauben in die Welt zu tragen.
Amen.

Fünfter Sonntag der Osterzeit

Lebendiger Gott,

oft stehen wir vor der Frage:
Ergibt das Sinn?
Ist es sinnvoll, so zu handeln?

Wir bitten dich:
Gib du unserem Handeln einen Sinn.
Amen.

Sechster Sonntag der Osterzeit

Lebendiger Gott,

deinem Sohn Jesus
waren seine Jünger wichtig.
Die Jünger haben ihn unterstützt
und waren seine engsten Freunde.

Wir bitten dich:
Schenke uns immer wieder gute Freunde
und sei du uns ein enger Freund.
Amen.

Christi Himmelfahrt

Aufgefahrener Gott,

wenn wir heute Messe feiern, erfahren wir,
dass dein Sohn Jesus
in den Himmel aufgefahren ist.

Wir bitten dich:
Gib uns Vertrauen in dein Wirken
und schenke uns die Kraft,
an deinem Plan mitzuwirken.
Amen.

Siebter Sonntag der Osterzeit

Lebendiger Gott,

wenn wir zu dir beten,
dürfen wir auf deinen Rat
und deine Hilfe hoffen.

Wir bitten dich:
Erhöre unser Beten
und bewahre uns in deinem Namen.
Amen.

Pfingstsonntag

Begeisternder Gott,

wenn wir heute Messe feiern,
dann beten wir besonders
um den Heiligen Geist.

Wir bitten dich:
Schenke uns gleich
im Gottesdienst deine Geistesgaben.
Amen.

Pfingstmontag

Begeisternder Gott,

wenn wir heute im Gottesdienst von dir hören,
werden wir ermahnt, auf dich
und dein Werk zu vertrauen.

Wir bitten dich:
Sei du uns im Gottesdienst ganz nahe
und schenke uns dein Erbarmen.
Amen.

Die Zeit im Jahreskreis

Die Zeit im Jahreskreis

Dreifaltigkeitssonntag

Dreifaltiger Gott,

wir dürfen zu dir beten in drei Gestalten.
Du bist für uns Vater, Sohn und Heiliger Geist.

Wir bitten dich:
Sei immer bei uns und schütze uns.
Amen.

Fronleichnam

Begeisternder Gott,

wir feiern heute ein besonderes Fest.
Wir schauen heute ganz besonders
auf die Hostie,
in der uns Jesus ganz nahe ist.

Wir bitten dich:
Stärke uns durch unseren Dienst in der Messe.
Amen.

Zweiter Sonntag im Jahreskreis

Guter Gott,

du gibst uns ein Zuhause bei dir.
Wir fühlen uns geborgen bei dir.

Wir bitten dich:
Schenke uns deine Nähe und Fürsorge.
Amen.

Dritter Sonntag im Jahreskreis

Guter Gott,

wenn wir uns heute versammeln,
hören wir von dir und deiner Botschaft.
Manchmal ist es für uns nicht einfach,
an deiner Botschaft festzuhalten.

Wir bitten dich:
Schenke uns die Einsicht,
deine Botschaft besser zu verstehen.
Amen.

Vierter Sonntag im Jahreskreis

Guter Gott,

wenn wir hier heute zusammenkommen,
feiern wir deine Gegenwart unter uns.

Wir bitten dich:
Sei immer bei uns und schütze uns.
Amen.

Fünfter Sonntag im Jahreskreis

Guter Gott,

wir hören im heutigen Evangelium
von mehreren Wundern.

Wir bitten dich:
Schenke auch uns die Kraft,
Wunder bewirken zu können,
um unseren Mitmenschen zu helfen.
Amen.

Sechster Sonntag im Jahreskreis

Guter Gott,

wenn wir in den Gottesdienst kommen,
hören wir von deiner Botschaft im Evangelium.
Wir hören von dem Wirken Jesu
und seinen Wundern.

Wir bitten dich:
Schenke uns deine Nähe und Fürsorge.
Amen.

Siebter Sonntag im Jahreskreis

Guter Gott,

jeder von uns macht Fehler.
Aber wir wissen,
dass wir Vergebung finden können.

Wir bitten dich:
Gib uns immer wieder die Chance,
bei dir Vergebung zu finden.
Amen.

Achter Sonntag im Jahreskreis

Guter Gott,

wir sind zusammengekommen,
um in deinem Namen Gottesdienst zu feiern.

Wir bitten dich:
Stärke uns durch den Gottesdienst,
den wir jetzt gleich feiern werden.
Amen.

Neunter Sonntag im Jahreskreis

Guter Gott,

wenn wir im Gottesdienst
von deiner Frohen Botschaft hören,
schenkst du uns Trost und Halt.

Wir bitten dich:
Schenke uns die Geduld,
uns immer wieder neu auf dich einzulassen.
Amen.

Zehnter Sonntag im Jahreskreis

Guter Gott,

wenn wir in den Gottesdienst kommen,
schauen wir besonders auf die
Herausforderungen der vergangenen Tage.

Wir bitten dich:
Schenke uns deine Nähe und Fürsorge.
Amen.

Elfter Sonntag im Jahreskreis

Guter Gott,

wenn unsere Arbeit Früchte trägt,
sind wir voller Stolz.

Wir bitten dich:
Gib uns immer wieder neue Aufgaben,
die uns mit Stolz erfüllen.
Amen.

Zwölfter Sonntag im Jahreskreis

Guter Gott,

dein Sohn Jesus setzt sich
über die Kräfte der Natur hinweg.
Er zeigt uns,
dass es möglich ist,
über sich selbst hinauszuwachsen.

Wir bitten dich:
Stärke uns durch deinen Heiligen Geist.
Amen.

Dreizehnter Sonntag im Jahreskreis

Guter Gott,

wir hören gleich im Gottesdienst die Worte:
„Steh auf!“

Wir bitten dich:
Schenke uns immer wieder Worte,
die uns helfen aufzustehen
und neue Kraft zu schöpfen.
Amen.

Vierzehnter Sonntag im Jahreskreis

Guter Gott,

deine Botschaft weiterzugeben
ist nicht immer einfach,
davon hören wir auch im heutigen Evangelium.

Wir bitten dich:
Gib uns die Kraft, immer wieder neu
deine Botschaft zu verkünden.
Amen.

Fünfzehnter Sonntag im Jahreskreis

Guter Gott,

immer wieder hören wir davon,
dass du Menschen in die Welt aussendest.

Wir bitten dich:
Stärke uns jetzt
im Gottesdienst mit deiner Anwesenheit.
Amen.

Sechzehnter Sonntag im Jahreskreis

Guter Gott,

du bist für uns der Weg und das Ziel unseres Lebens.
Wenn wir zu dir beten,
machen wir uns dies immer wieder bewusst.

Wir bitten dich:
Stärke uns im Gebet
und gib uns Vertrauen in deine Führung.
Amen.

Siebzehnter Sonntag im Jahreskreis

Guter Gott,

wir wollen dir,
wie der Junge im Evangelium,
unser Leben widmen.

Wir bitten dich:
Leite uns auf deinem Weg des Friedens
und der Versöhnung.
Amen.

Achtzehnter Sonntag im Jahreskreis

Guter Gott,

wir vertrauen auf deine schützende Hand.
Wir wissen,
da ist jemand,
der auch in der größten Not bei uns ist.

Wir bitten dich:
Schenke allen Menschen deinen Schutz.
Amen.

Neunzehnter Sonntag im Jahreskreis

Guter Gott,

dein Sohn Jesus ruft uns zur Nachfolge
und zum Glauben an dein Reich auf.

Wir bitten dich:
Schenke uns immer wieder aufs Neue
den Glauben an dich und dein Reich.
Amen.

Zwanzigster Sonntag im Jahreskreis

Guter Gott,

wir feiern gleich Gottesdienst
und konzentrieren uns dabei
auf dein Wirken in dieser Welt.

Wir bitten dich:
Stärke uns im Glauben
und in der Hoffnung auf dich.
Amen.

Einundzwanzigster Sonntag im Jahreskreis

Guter Gott,

wenn wir hier zusammenkommen,
um Gottesdienst zu feiern,
wollen wir uns auf den Weg machen,
um dir zu dienen.

Wir bitten dich:
Sei uns der Wegweiser
auf unserem Weg durch die Zeit.
Amen.

Zweiundzwanzigster Sonntag im Jahreskreis

Guter Gott,

wir legen dir unsere Werke vor
und hoffen auf ein Wirken durch dich,
damit wir Teil deines göttlichen Planes werden.

Wir bitten dich:
Schenke uns die Gabe der Einsicht
und des Verständnisses füreinander.
Amen.

Dreiundzwanzigster Sonntag im Jahreskreis

Guter Gott,

vieles von dem,
was wir im Evangelium hören,
erscheint uns unwirklich.

Wir bitten dich:
Gib uns die Gabe des Verständnisses
und des Durchhaltens.
Amen.

Vierundzwanzigster Sonntag im Jahreskreis

Guter Gott,

dein Sohn Jesus hat sich für uns geopfert.
Manchmal werden auch von uns Opfer gefordert.

Wir bitten dich:
Gib uns den Mut und die Entschlossenheit,
für unsere Mitmenschen einzustehen.
Amen.

Fünfundzwanzigster Sonntag im Jahreskreis

Guter Gott,

dein Sohn Jesus
hat auch im Leiden auf dich vertraut.
Er hat seine Zweifel hinter sich gelassen.

Wir bitten dich:
Stärke unseren Mut und hilf uns,
alle Zweifel hinter uns zu lassen.
Amen.

Sechsundzwanzigster Sonntag im Jahreskreis

Guter Gott,

wir sind manchmal von Zweifeln geplagt
und erkennen deinen Plan nicht.

Wir bitten dich:
Schenke uns die Gabe der Einsicht
und deines Friedens.
Amen.

Siebenundzwanzigster Sonntag im Jahreskreis

Guter Gott,

wenn wir hierherkommen,
brauchen wir deinen Rat und deine Hilfe.

Wir bitten dich:
Zeige uns deinen Weg durch diese Zeit.
Amen.

Achtundzwanzigster Sonntag im Jahreskreis

Guter Gott,

dein Sohn Jesus ruft uns zur Umkehr
und zur Nachfolge.

Wir bitten dich:
Gib uns den Mut, dir nachzufolgen
und unsere Berufung zu leben.
Amen.

Neunundzwanzigster Sonntag im Jahreskreis

Guter Gott,

Jesus hat sich für uns hingegeben,
um uns die Erlösung zu bringen.

Wir bitten dich:
Hilf uns, unser Leben
nach deinem Sinn auszurichten.
Amen.

Dreißigster Sonntag im Jahreskreis

Guter Gott,

wir hören heute im Evangelium den Satz:
„Jesus, hab Erbarmen mit mir!“

Wir bitten dich:
Schenke uns deine Nähe
und deine Liebe.
Amen.

Einunddreißigster Sonntag im Jahreskreis

Guter Gott,

du hast uns das Gebot der Liebe gegeben.
Wir hören heute erneut die Ermahnung,
an die Liebe zu glauben.

Wir bitten dich:
Schenke allen Menschen den Frieden
mit sich und ihren Mitmenschen.
Amen.

Zweiunddreißigster Sonntag im Jahreskreis

Guter Gott,

wenn wir hier zusammenkommen,
bringt jeder seine Fähigkeiten und Gaben mit.

Wir bitten dich:
Lass uns unsere Stärken und Schwächen erkennen
und lass uns lernen, damit umzugehen.
Amen.

Dreiunddreißigster Sonntag im Jahreskreis

Guter Gott,

du vereinst Völker, Nationen und Länder.
Der Glaube an dich kennt viele Sprachen.

Wir bitten dich:
Hilf uns, immer wieder zu begreifen,
woran und wofür wir glauben.
Amen.

Christkönigssonntag

Königlicher Gott,

wir feiern dich heute als unseren König.
Du bist für uns der Weltenherrscher,
unter dessen Schutz wir uns stellen dürfen.

Wir bitten dich:
Lass uns immer wieder aufs Neue
bei dir Geborgenheit erfahren.
Amen.

Die Gedenktage der Heiligen

Hochfest der ohne Erbsünde empfangenen Jungfrau und Gottesmutter Maria (8. Dezember)

Liebender Gott,

du hast Maria erwählt, die Mutter
deines Sohnes Jesus zu werden.

Wir bitten dich:
Lass auch uns eine Berufung
und Aufgabe in deinem Plan zukommen.
Amen.

Heiliger Stephanus (2. Weihnachtstag)

Mutiger Gott,

heute hören wir von dem starken Zeugnis
des heiligen Stephanus.

Wir bitten dich:
Schenke uns den Mut, für dich einzustehen.
Amen.

Heiliger Johannes (27. Dezember)

Guter Gott,

heute hören wir von Johannes,
der uns ein Zeugnis
von Jesu Wirken hinterlassen hat.

Wir bitten dich:
Mache aus uns
lebendige Zeugen deines Wirkens.
Amen.

Unschuldige Kinder (28. Dezember)

Liebender Gott,

Kinder haben das Recht auf Schutz.
Im heutigen Evangelium hören wir von Herodes,
der Kinder verfolgen und töten ließ.

Wir bitten dich:
Behüte die Kinder überall auf dieser Welt!
Amen.

Darstellung des Herrn (2. Februar)

Guter Gott,

im heutigen Evangelium hören wir
vom gerechten und weisen Simeon.

Wir bitten dich:
Lass auch uns bis ins hohe Alter
unseren Glauben lebendig halten.
Amen.

Heiliger Josef (19. März)

Guter Gott,

heute denken wir an den heiligen Josef,
der in einer schwierigen Situation
zu dir hielt.

Wir bitten dich:
Lass uns Teil deines Plans werden.
Amen.

Verkündigung des Herrn (25. März)

Verkündender Gott,

wir denken heute besonders daran,
wie der Engel Gabriel Maria die Ankunft
deines Sohnes Jesus verkündigt hat.

Wir bitten dich:
Schenke uns deine Gegenwart.
Amen.

Geburt des heiligen Johannes des Täufers (24. Juni)

Guter Gott,

Johannes der Täufer hat
an deinem Reich mitgebaut
und auf deinen Namen hin Menschen getauft.

Wir bitten dich:
Mache uns offen für dein Wort.
Amen.

Heiliger Petrus und heiliger Paulus (29. Juni)

Starker Gott,

mit Petrus und Paulus haben wir
zwei treue Helfer,
derer wir heute gedenken.

Wir bitten dich:
Schenke uns die Stärke von Petrus und Paulus.
Amen.

Verklärung des Herrn (6. August)

Naher Gott,

wir hören heute von einer Stimme aus der Wolke,
die ruft: „Das ist mein geliebter Sohn!"

Wir bitten dich:
Nimm auch uns als deine Kinder an.
Amen.

Mariä Aufnahme in den Himmel (15. August)

Starker Gott,

Maria, die Mutter Jesu,
wurde aufgenommen in dein Reich.

Wir bitten dich:
Lass uns in Maria
ein Vorbild des Glaubens finden.
Amen.

Kreuzerhöhung (14. September)

Antwortender Gott,

wir hören heute von Nikodemus,
den viele Fragen umtreiben.

Wir bitten dich:
Schenke uns Antworten
auf die Fragen unseres Lebens.
Amen.

Allerheiligen (1. November)

Himmlischer Gott,

in deinem Reich gibt es viele Heilige,
die wir um Hilfe bitten,
wenn wir uns in einer Notlage befinden.

Wir bitten dich:
Schenke auch uns einen Platz im Himmel
und in deinem Reich.
Amen.

Allerseelen (2. November)

Tröstender Gott,

der Tod trennt uns von vielen lieben Menschen.
Im Glauben suchen wir Trost und Halt.

Wir bitten dich:
Schenke unseren Verstorbenen
das ewige Leben bei dir.
Amen.

Weihetag der Lateranbasilika (9. November)

Naher Gott,

schon die frühen Christen haben Kirchen gebaut.
Wir kommen heute hierher,
um miteinander Gottesdienst zu feiern.

Wir bitten dich:
Mach uns demütig für deine Botschaft
und stärke unseren Glauben.
Amen.

Anlässe im Leben der Pfarrei

Taufe

Segnender Gott,

heute empfängt ein Kind
die Taufe und wird Teil deiner Kirche.

Wir bitten dich:
Schenke dem neu getauften Kind
deinen Segen
und begleite es auf seinem Weg.
Amen.

Einschulung

Guter Gott,

mit der Einschulung beginnt
ein neuer Lebensabschnitt.

Wir bitten dich:
Sei du jetzt im Gottesdienst in unserer Mitte
und schenke allen Schulanfängern deinen Segen.
Amen.

Erstkommunion

Naher Gott,

heute gehen mehrere Kinder
in unserer Mitte zur Erstkommunion.

Wir bitten dich:
Stärke die Kinder durch die Kommunion
und sei ihnen nahe.
Amen.

Messdieneraufnahme

Guter Gott,

heute treten __ Kinder und Jugendliche
in unsere Messdienergemeinschaft ein.

Wir bitten dich:
Segne unsere Messdienergemeinschaft
auf die Fürsprache des hl. Tarzisius.
Amen.

Firmung

Dreifaltiger Gott,

mehrere Jugendliche in unserer Mitte bekommen
heute das Sakrament der Firmung.

Wir bitten dich:
Lass deinen Geist auf uns herabkommen
und stehe uns bei.
Amen.

Trauung

Segnender Gott,

heute geben sich zwei Menschen
vor dir ein Versprechen,
das sie ihr Leben lang miteinander verbinden wird.

Wir bitten dich:
Schenke den beiden deinen Segen
und deine Gegenwart.
Amen.

Primiz

Dienender Gott,

heute feiern wir die Entscheidung
eines Neupriesters für dich.

Wir bitten dich:
Schenke ihm für seinen Dienst
deinen Beistand.
Amen.

Begräbnis

Tröstender Gott,

wir trauern um den Verlust
eines lieben Mitmenschen.

Wir bitten dich:
Schenke den Angehörigen deinen Trost
und stehe ihnen in dieser Zeit besonders bei.
Amen.

Erntedank

Großer Gott,

du hast uns deine Schöpfung anvertraut.
Die Erde braucht unseren Schutz.

Wir bitten dich:
Hilf uns, deine Schöpfung
und ihre Ressourcen zu bewahren.
Amen.

Kirchweihe

Starker Gott,

wir feiern heute, dass diese Kirche
zu einem Gotteshaus geweiht wurde.
Viele von uns wurden hier getauft
und haben die Erstkommunion empfangen.

Wir bitten dich:
Lass diese Kirche für uns ein Zuhause sein.
Amen.

Patrozinium

Sendender Gott,

wir feiern heute den Gedenktag des/der heiligen ____________________.
Er/sie ist uns in seinem/ihrem Handeln ein Vorbild.

Wir bitten dich:
Sende uns aus in die Welt
und schenke uns den Mut dazu.
Amen.

Platz für eigene Gebete

Guter Gott,

____

____

Wir bitten dich:

____

Amen.

Starker Gott,

____

____

Wir bitten dich:

____

Amen.